新五代史
享樂亂政的五代

New History of the Five Dynasties
The Age of Chaos and Extravagance

繪本

故事◎呂淑敏
繪圖◎王韶薇

《新五代史》？通常不是一個朝代做一個歷史紀錄嗎？怎麼會把五個朝代同時放在一起？難道它們重疊在同一段時間裡？這又是什麼情況？如何重疊？真是個稀奇的年代！

唐朝中晚期之後，政治日益腐敗。到了唐僖宗，天災加上外患，更加民不聊生，因此引發了農民造反，稱為「黃巢之亂」。雖然動亂被將軍李克用平定了，最後卻形成軍閥各據一方的新勢力。

4

從唐朝滅亡到北宋建立的五十幾年間，世局非常混亂。中原出現了梁、唐、晉、漢、周五個朝代，被稱為後梁、後唐、後晉、後漢、後周，在中原之外也陸續出現了十個小國。

7

五代十國間經常互相攻伐，有時這個國興起，有時那個國滅亡。寫歷史的人要同時記錄那麼多事，實在很困難。所以歐陽修把五個朝代合在一起，依照不同類別，編撰了《新五代史》。

《新五代史》中的《伶官傳》，
敘述了形成亂世的重要原因。
在這裡，正好可以藉由
後唐莊宗李存勗得天下和失天下，
來認識這個朝代。
這件事，必須從莊宗的父親，
也就是平定黃巢之亂的李克用談起。

10

李克用本來是胡人，
被唐懿宗封為晉王。
他和朱溫一起鎮壓黃巢，
後來卻互相鬥得水火不容。
朱溫殺了唐皇帝，
建立後梁，
李克用藉著要恢復唐朝的名義，
攻打朱溫。

13

李_{ㄌㄧˇ}克_{ㄎㄜˋ}用_{ㄩㄥˋ}雖_{ㄙㄨㄟ}然_{ㄖㄢˊ}想_{ㄒㄧㄤˇ}擁_{ㄩㄥ}護_{ㄏㄨˋ}唐_{ㄊㄤˊ}朝_{ㄔㄠˊ}，卻_{ㄑㄩㄝˋ}不_{ㄅㄨˋ}懂_{ㄉㄨㄥˇ}得_{ㄉㄜˊ}拉_{ㄌㄚ}攏_{ㄌㄨㄥˇ}人_{ㄖㄣˊ}心_{ㄒㄧㄣ}。曾_{ㄘㄥˊ}經_{ㄐㄧㄥ}受_{ㄕㄡˋ}他_{ㄊㄚ}救_{ㄐㄧㄡˋ}助_{ㄓㄨˋ}的將_{ㄐㄧㄤˋ}領_{ㄌㄧㄥˇ}劉_{ㄌㄧㄡˊ}仁_{ㄖㄣˊ}恭_{ㄍㄨㄥ}在_{ㄗㄞˋ}緊_{ㄐㄧㄣˇ}要_{ㄧㄠˋ}關_{ㄍㄨㄢ}頭_{ㄊㄡˊ}背_{ㄅㄟˋ}叛_{ㄆㄢˋ}他_{ㄊㄚ}，投_{ㄊㄡˊ}靠_{ㄎㄠˋ}了_{ㄌㄜ˙}朱_{ㄓㄨ}溫_{ㄨㄣ}。他_{ㄊㄚ}氣_{ㄑㄧˋ}憤_{ㄈㄣˋ}之_ㄓ下_{ㄒㄧㄚˋ}，一_ㄧ病_{ㄅㄧㄥˋ}不_{ㄅㄨˋ}起_{ㄑㄧˇ}。臨_{ㄌㄧㄣˊ}死_{ㄙˇ}前_{ㄑㄧㄢˊ}，他_{ㄊㄚ}要_{ㄧㄠˋ}兒_{ㄦˊ}子_{ㄗˇ}李_{ㄌㄧˇ}存_{ㄘㄨㄣˊ}勗_{ㄒㄩˋ}牢_{ㄌㄠˊ}牢_{ㄌㄠˊ}記_{ㄐㄧˋ}住_{ㄓㄨˋ}這_{ㄓㄜˋ}個_{ㄍㄜˋ}屈_{ㄑㄩ}辱_{ㄖㄨˇ}，並_{ㄅㄧㄥˋ}要_{ㄧㄠˋ}兒_{ㄦˊ}子_{ㄗˇ}務_{ㄨˋ}必_{ㄅㄧˋ}替_{ㄊㄧˋ}他_{ㄊㄚ}雪_{ㄒㄩㄝˇ}恥_{ㄔˇ}。

李存勗在父親過世後，重新整頓軍紀、凝聚民心，讓所有人團結起來，同心協力，一起奮戰。沒多久，果然不負父親所託，他打敗後梁，建立後唐，成為後唐莊宗。

17

莊宗自認為是唐朝的正統繼承者，其實他的血統和李氏唐朝一點關係都沒有。奇特的是，他的喜好與專長，都和大唐皇帝非常相像，譬如他的驍勇善戰像唐太宗，精於音律則與唐玄宗不分上下。

局勢既然穩定，他乾脆學唐玄宗開始作曲演戲。有一次還和兒子李繼岌一搭一唱的作弄劉皇后，害得皇后非常生氣，痛打了李繼岌一頓，再把他趕出宮去。堂堂皇帝有這樣的行為，實在很不莊重。

21

莊宗不僅把唱戲、作曲當成休閒，他還一心想當個快活皇帝。於是，他在宮裡養了許多專門奏樂和演戲的伶人，並封他們為伶官，成天和他們唱唱鬧鬧，甚至還讓他們管起國家大事。

23

景进、郭从谦、敬新磨都是庄宗宠爱的伶官。有些伶官行事都还恭恭敬敬，有些伶官却恃宠而骄，胡作非为。很多臣子看到他们脱序的行为，先是敢怒不敢言，后来也学著他们贪赃枉法，无恶不作。

有一次，曾被後梁俘虜的伶官向莊宗舉薦了兩名伶人，大將郭崇韜勸莊宗：「國家才剛建立，跟陛下一起作戰的將士還沒得到封賞，伶人倒先受封，只怕大家不服。」不料莊宗不聽勸，反而一口答應伶官。

郭崇韜的諫言得罪了不少伶官和宦官，
大家紛紛向劉皇后造謠：
「郭崇韜個性自大，
又有稱王的野心，
皇后您可得小心啊！」
皇后一慌，便說服莊宗，
讓李繼岌把郭崇韜給殺了。

除掉郭崇韜，

還有一個大臣朱友謙。

他的個性正直，

不肯接受伶官的賄賂。

伶官景進因此懷恨，

說服莊宗：

「郭崇韜和朱友謙是好朋友，

您要小心朱友謙報仇！」

莊宗聽了，

立即下令殺光朱友謙全家。

莊宗除了寵信伶官，
還有一件足以腐蝕朝廷綱紀的惡習，
就是貪財。
他重用父親的老臣張承業掌管財政，
張承業為人正直，公私分明。
儘管莊宗百般要求，
張承業仍舊不願
配合他無理的用度，
恨得他牙癢癢。

33

張承業對莊宗的行徑感到失望，
不久傷心病死。
沒有忠貞老臣看顧，
莊宗的愛財本性暴露無遺。
他重用貪官大肆徵稅，
聚斂民財供他揮霍，
其他官吏也爭相效仿，
致使百姓流亡他鄉，
士兵挨餓受凍。

劉皇后的貪愛財寶
比起莊宗來又更勝一籌。
她勾結商人，從中得利，
還把國庫視為己有，
自己任意豪取，
卻不肯拿一點出來應付國家的需要。
士兵們由於缺乏糧食，只好典賣妻兒，
或到山裡挖野菜充饑。

36

莊ㄓㄨㄤ宗ㄗㄨㄥ寵信ㄒㄧㄣ伶ㄌㄧㄥ官ㄍㄨㄢ、貪ㄊㄢ財ㄘㄞ聚ㄐㄩ斂ㄌㄧㄢ、冤ㄩㄢ殺ㄕㄚ功ㄍㄨㄥ臣ㄔㄣ的種ㄓㄨㄥ種荒ㄏㄨㄤ唐ㄊㄤ行ㄒㄧㄥ徑ㄐㄧㄥ，終ㄓㄨㄥ於ㄩ陷ㄒㄧㄢ國ㄍㄨㄛ家ㄐㄧㄚ於ㄩ危ㄨㄟ難ㄋㄢ。伶ㄌㄧㄥ官ㄍㄨㄢ郭ㄍㄨㄛ從ㄘㄨㄥ謙ㄑㄧㄢ兵ㄅㄧㄥ變ㄅㄧㄢ時ㄕ，他ㄊㄚ想ㄒㄧㄤ利ㄌㄧ用ㄩㄥ錢ㄑㄧㄢ財ㄘㄞ讓ㄖㄤ將ㄐㄧㄤ士ㄕ為ㄨㄟ他ㄊㄚ賣ㄇㄞ命ㄇㄧㄥ，卻ㄑㄩㄝ沒ㄇㄟ有ㄧㄡ人ㄖㄣ願ㄩㄢ意ㄧ。從ㄘㄨㄥ他ㄊㄚ建ㄐㄧㄢ立ㄌㄧ後ㄏㄡ唐ㄊㄤ，到ㄉㄠ死ㄙ於ㄩ伶ㄌㄧㄥ官ㄍㄨㄥ之ㄓ手ㄕㄡ，相ㄒㄧㄤ隔ㄍㄜ不ㄅㄨ過ㄍㄨㄛ短ㄉㄨㄢ短三ㄙㄢ年ㄋㄧㄢ。

其成敗之跡而皆自於人歟書曰

滿招損謙得益憂勞可以興國逸豫可以亡身自然之理也故

失之易歟抑本

歐ㄡ陽ㄧㄤ修ㄒㄧㄡ透ㄊㄡˋ過ㄍㄨㄛˋ《新ㄒㄧㄣ五ㄨˇ代ㄉㄞˋ史ㄕˇ》提ㄊㄧˊ醒ㄒㄧㄥˇ君ㄐㄩㄣ王ㄨㄤˊ：什ㄕㄣˊ麼ㄇㄜ樣ㄧㄤˋ的ㄉㄜ行ㄒㄧㄥˊ為ㄨㄟˊ，就ㄐㄧㄡˋ會ㄏㄨㄟˋ導ㄉㄠˇ致ㄓˋ什ㄕㄣˊ麼ㄇㄜ樣ㄧㄤˋ的ㄉㄜ結ㄐㄧㄝˊ果ㄍㄨㄛˇ。不ㄅㄨˋ懈ㄒㄧㄝˋ的ㄉㄜ努ㄋㄨˇ力ㄌㄧˋ可ㄎㄜˇ以ㄧˇ維ㄨㄟˊ持ㄔˊ國ㄍㄨㄛˊ家ㄐㄧㄚ興ㄒㄧㄥ盛ㄕㄥˋ，安ㄢ於ㄩˊ享ㄒㄧㄤˇ樂ㄌㄜˋ只ㄓˇ會ㄏㄨㄟˋ招ㄓㄠ致ㄓˋ滅ㄇㄧㄝˋ亡ㄨㄤˊ。

新五代史
享樂亂政的五代

讀本

原典解說◎呂淑敏

《新五代史》是宋朝名臣歐陽修所編纂，是二十四史其中的一部，而這本史書又跟哪些人有關呢？

TOP PHOTO

歐陽修（1007～1072年），字永叔，號醉翁、六一居士。北宋古文運動的領袖，也是唐宋八大家之一，精通古文、詩、詞，又善於史學。對薛居正所編的《五代史》不滿意，於是私下重編，原名《五代史記》，是唐以後私人所編修的正史。

歐陽修

相關的人物

尹洙

尹洙為北宋古文運動的先驅，擅長《春秋》，又精於史學。歐陽修曾與他商量一起編纂《新五代史》，但因為理念不合於是放棄，後來他獨自編了《五代春秋》。

宋仁宗趙禎，是北宋的第四個皇帝。歐陽修的《新五代史》就是在仁宗時期完成，但因為是私自編纂，所以成書後藏於家中。直到歐陽修死後，才由家人獻給朝廷。

TOP PHOTO

宋仁宗

梅堯臣

梅堯臣是北宋著名的詩人，與歐陽修交好，是北宋詩文運動中的重要人物。歐陽修推行古文運動的同時，梅堯臣也在詩歌上提出反對華靡空洞的主張，影響北宋詩文甚為深遠。此外，梅堯臣也曾參與過《新唐書》的編纂。

薛居正

北宋史學家。宋太祖年間，他奉命編纂《五代史》，原書又名《梁唐晉漢周書》。後世為了有於別歐陽修的《新五代史》，於是改稱為《舊五代史》。

司馬光

邵晉涵

邵晉涵，清朝史學家。由於歐陽修的《五代史記》極為盛行，於是薛居正的《五代史》便失傳了。乾隆年間，邵晉涵藉由修纂《四庫全書》的機會，從古籍中復原《五代史》，使它重新流傳於世，具有重大意義。

司馬光，世稱涑水先生，是與歐陽修同時代的知名政治家、史學家。他所編纂的編年體史書《資治通鑑》，與歐陽修的《新五代史》，同為宋朝兩本重要的史學著作。

歐陽修主張文章寫作應以平實為主，因此在主持科舉考試時，錄取蘇軾、蘇轍、曾鞏等人，為古文運動奠立基礎。

1030 年
這一年歐陽修進士及第。次年在洛陽任職，與梅堯臣、尹洙等人結為至交，互相切磋詩文，開啟了北宋後來的詩歌改革。景祐年間，范仲淹上疏批評時政被貶，而歐陽修為他辯護，亦遭貶官。

進士及第

1034 年
歐陽修於洛陽任職期間目睹洛陽喜歡牡丹的風俗，於是將洛陽栽培牡丹的歷史、種植技術、品種、花期，以及賞花習俗等相關資料，編寫成《洛陽牡丹記》一書。

洛陽牡丹記

相關的時間

1043 年
范仲淹、韓琦、富弼等人推行「慶曆新政」，欲推行變法。歐陽修亦藉此變法，提出改革吏治、軍事、貢舉等主張。慶曆新政失敗後，歐陽修被貶為滁州太守。

慶曆新政

滁州任官

1045 ～ 1047 年
這段期間，歐陽修在滁州擔任地方官職。任職期間勤政愛民，留有大量詩文。又曾修築醉翁亭，為此亭寫了〈醉翁亭記〉，使醉翁亭成為中國四大名亭之首。左圖為蘇東坡的書法作品歐陽修〈醉翁亭記〉碑刻。河南鄭州博物館藏。

修五代史

1054 年

這一年，歐陽修先後任職翰林學士、史館修撰等官職。與宋祁同修《新唐書》，又獨立修纂《五代史記》，亦即《新五代史》。由於《新唐書》與《新五代史》極為盛行，導致《舊唐書》與《舊五代史》乏人問津。

主持科舉

TOP PHOTO

1057 年

歐陽修以翰林學士的身分主持科舉考試。由於歐陽修主張為文須平穩切實，於是錄取蘇軾、蘇轍、曾鞏等人，後來為唐宋八大家的重要代表人物，對北宋文風轉變有很大影響。上圖為《唐宋八大家古文》書影。

逝世

1072 年

歐陽修在這一年逝世。當時王安石得到神宗的支持，不顧朝中大臣的反對而強行推行變法。反對變法的歐陽修於是離開京城，出任蔡州的地方官職，但在移居潁州不久後逝世。

歐陽修是唐宋八大家之一，同時也是宋朝古文運動的領袖，三蘇父子、王安石、曾鞏的古文，都受他影響。

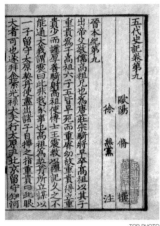

TOP PHOTO

《新五代史》原名為《五代史記》，是唐朝以後唯一私人編修的正史，後世為了與薛居正的《五代史》區別，於是改稱《新五代史》。歐陽修運用了《春秋》微言大義的筆法，加上其出色的古文文風，此書便成為重要的正史。左圖為元刻本《新五代史》。

新五代史

相關的事物

唐宋八大家

荻沙學書

古文運動

唐朝的韓愈、柳宗元，以及宋朝的歐陽修、蘇洵、蘇軾、蘇轍、王安石、曾鞏，因為明朝的文學家茅坤將他們的作品收集輯錄成《唐宋八大家文鈔》，所以被合稱為唐宋八大家。歐陽修推尊韓愈、柳宗元的散文，並推行古文運動，形成宋朝文學創作的新主流

古文運動是一種提倡改革文學體裁的運動，因為唐朝的韓愈、柳宗元曾推行古文運動，然而成效不彰。直到北宋初期的歐陽修，帶領蘇洵、蘇軾、蘇轍、王安石、曾鞏，再次推行古文運動，成功的使古文地位不可動搖。

歐陽修自幼家境貧困，買不起筆墨，就在地上攤開沙子取荻草桿作筆每日勤學苦練，學習書畫，荻沙學書成為千古美談。歐陽修的文學、史學成就使他成為唐宋八大家的重要人物，最膾炙人口的文章為〈醉翁亭記〉。

灼艾帖

〈灼艾帖〉是歐陽修遺留至今的書法之一，內容是寫給長子歐陽發的家書。帖中可見歐陽修的書法端莊勁秀而又頓挫有力。由於內容提及「灼艾」一詞，故以此為名，灼艾就是指燃燒艾絨熏灸人體穴道的醫療行為。上圖為歐陽修的行書真跡〈灼艾帖〉，中國國家博物館古代中國陳列展。

六一居士

歐陽修號醉翁，又號六一居士。「六一」就是指歐陽修自己的藏書一萬卷，集錄三代以來金石文字一千卷，有古琴一張，棋一局，並且常置酒一壺，以及老翁一名，因為有六種不同的一，故稱六一。

秋聲賦

〈秋聲賦〉是歐陽修重要的代表作品。創作的當時，歐陽修大約五十三歲左右，雖然他位居高位，但有感於宦海沉浮，以及對政局的憂心，遂以「悲秋」為題，抒發己身的苦悶與感嘆。

歐陽修寫文章時，常自稱「廬陵」歐陽修，出任過洛陽、滁州、汴京等官職。在滁州時寫了著名的〈醉翁亭記〉。

歐陽修四歲時，父親便逝世了。後來隨叔父到湖北過生活，由母親親自教導。歐陽修在寫文章時，習慣自稱「廬陵」歐陽修。廬陵是歐陽修的祖籍，在今江西省。

廬陵

宋仁宗景祐年間，歐陽修在洛陽任職。洛陽盛產牡丹，而且有賞牡丹花的習俗。歐陽修便利用在職期間，編寫成《洛陽牡丹記》一書，是研究洛陽牡丹的重要參考著作。

洛陽

慶曆年間，范仲淹等人推行「慶曆新政」，欲推行變法。歐陽修亦藉此變法，提出改革吏治、軍事、貢舉等主張。慶曆新政失敗後，歐陽修被貶為滁州太守，滁州即今安徽滁州。歐陽修治理滁州期間，留有大量詩文作品。

滁州

相關的地方

琅琊山

TOP PHOTO

歐陽修被貶為滁州太守時，滁州僧人為歐陽修修築了醉翁亭（左圖）。由於歐陽修自號「醉翁」，故取名為「醉翁亭」，並為此亭寫成了著名的古文〈醉翁亭記〉，記載了琅琊山的清秀山水。琅琊山在今安徽境內。

歐陽修逝世於潁州，即今安徽省的阜陽。但後
來在今日河南省的新鄭，重新修築歐陽修的陵
園。陵園環境優美肅穆，不僅碑石林立，古柏
參天，又有「歐墳煙雨」之稱，為新鄭古代八
景之一。右圖為歐陽修墓園大門。

陵園

潁州

熙寧年間，宋神宗任用王安石推行變法，史稱「熙寧變
法」。王安石變法的主要政策是推行「青苗法」、「保
甲法」、「保馬法」，但歐陽修反對變法。歐陽修在反
對無效之後，出居潁州，即今安徽阜陽，並於此地逝世。

**歐陽修
紀念館**

歐陽修在慶曆新政失敗後，被貶到滁州擔任太守。這段
期間歐陽修創作了豐富的詩文，其中以〈醉翁亭記〉最
著名。滁州市政府為了紀念歐陽修，於是建立了歐陽修
紀念館，館內陳列著與歐陽修有關的書畫供後人憑弔。

後唐莊宗

　　李存勗的父親晉王李克用一直以復興大唐為目標，無奈唐皇帝被朱溫殺了，朋友劉仁恭卻投靠朱溫，連原本同盟的契丹也依附朱溫。因此在彌留之際，他交給兒子三支箭，説：「朱溫、劉仁恭和契丹是我的恥辱，這口氣不出，我死不瞑目。」李存勗含淚接過箭，並在李克用去世後，承襲了晉王的王位。

　　李存勗自小就英勇，十一歲時隨父親出征，戰勝後又隨父親前往長安覲見唐昭宗。唐昭宗告訴李克用：「你這個兒子，將來會比你強。」因此李存勗就多了「亞子」這個名字。確實，他像父親一樣善戰，謀略卻又勝過父親。父親死後，李存勗決心消滅仇人，於是把父親給他的三支箭供在家廟，表示不忘叮囑。每次出征他都會將箭取出來，帶著上陣；打了勝仗，再送回家廟。

　　晉軍要和梁軍交戰時，有人認為居喪期間不宜出兵，李存勗説：「敵人既然料想我們不會出兵，我們

方其係燕父子以組，函梁君臣之首，入于太廟，還矢
先王而告以成功，其意氣之盛，可謂壯哉！
——《新五代史‧伶官傳》

就來個出其不意，偷襲敵營，這樣一定成功。」果然不出他所料，
梁軍毫無防備，被他殺得狼狽不堪。朱溫知道這件事，感慨的說：
「生個兒子就應當像李亞子，我的兒子們和他一比，簡直像一群豬
狗。」

　　朱溫戰敗不久後，就被他的兒子朱友珪殺了。劉仁恭這時也
被自己的兒子劉守光囚禁起來。劉守光登基稱帝後，李存勗用計
先尊他為「尚父」，再設法一併擒捕劉仁恭父子，並砍下
劉仁恭的頭，放在木盒裡，送往家廟獻祭。接著他又親征
契丹，把耶律阿保機趕到北邊去。

　　勢力穩定後，李存勗不再繼承晉王位，而改國號為大
唐，史稱後唐，並定年號為同光。李存勗即後唐莊宗。莊
宗完成了父親的誓願，也贏得民心，疆土在五代亂世中居
於第一，國勢如日中天。這是莊宗最意氣風發的時候。

及仇讎已滅，天下已定，一夫夜呼，亂者四應，倉皇東出，未及見賊而士卒離散，君臣相顧，不知所歸。至於誓天斷髮，泣下沾襟，何其衰也！

——《新五代史·伶官傳》

莊宗不僅會作戰，還能寫歌作曲。不管是雄赳赳氣昂昂的戰歌，讓士兵在征戰和凱旋時昂首高歌；還是溫柔婉約的曲子，讓伶官低吟淺唱。歐陽修在《新五代史·伶官傳》裡提到，一直到他生活的宋朝，還有人在唱莊宗創作的曲子，只可惜後來都失傳了。看看他作的〈憶仙姿〉：

曾宴桃源深洞，一曲清歌舞鳳。

長記欲別時，和淚出門相送。

如夢，如夢，殘月落花煙重。

54

多麼纏綿悱惻！誰又會想到是出自一位武將之手呢？

莊宗從小常和戲班子玩耍，精通戲曲，只是征戰連連，讓他無法花費太多心思；等到建立後唐，不但作曲看戲，還自己登臺表演。

劉皇后的父親賣藥維生，她覺得自己出身低，所以很忌諱人家提到她的身世。有一回，她戰亂時失散的父親找上門，劉皇后擔心別人拿她父親來開她玩笑，乾脆不認父，叫人在宮門口把父親痛打一頓，趕了出去。莊宗就以這次事件，編了一齣《劉山人認女》。

他自己穿著破衣，背著藥箱，叫兒子李繼岌提著破帽子跟在後面。劉皇后午睡時，他們走進她的臥房，大喊：「劉山人來探訪女兒啦。」劉皇后被驚醒，一時又羞又惱怒，她不敢責罵莊宗，便處罰李繼岌，讓宮裡人開懷大笑。

適當的娛樂是合宜的，不過像莊宗這樣不務正業，成天玩樂，還把國家大事交到伶官手裡，最後搞得天下大亂，只能倉皇出逃，哭天喊地都沒人願意解救的地步，
就實在太離譜了。

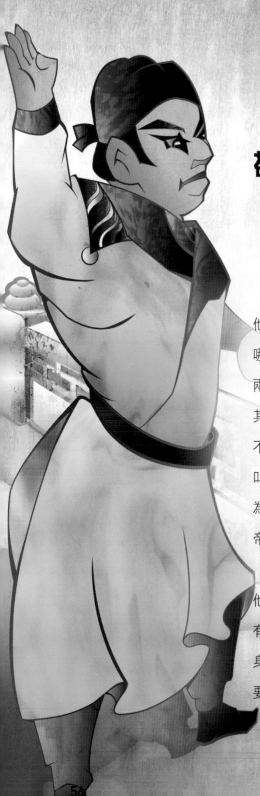

敬新磨

　　愛演戲的莊宗為自己取了個藝名，叫做「李天下」。有一次，他和伶官們在庭園裡遊玩嬉鬧，他得意的大喊「李天下！李天下在哪裡啊！」此時，一個他很寵愛的伶官敬新磨迎上前去，打了莊宗兩巴掌。這個出其不意的舉動讓莊宗臉色都變了，非常不悅，身旁其他人也都大為緊張，紛紛指責敬新磨太過無禮。沒想到，敬新磨不慌不忙的指著莊宗說：「只能有一個人李（理）天下，你叫了兩次，叫的是誰啊？」敬新磨取「李」與「理」的諧音，認為能治理天下、為人君王的，只有莊宗一人。這樣刻意奉承莊宗的話，聽起來對皇帝滿是尊崇的意思。莊宗因而非常高興，反而大大的賞賜了他。

　　敬新磨敢打皇帝，膽子自然不小，不過他靠的可不只是莊宗對他的寵愛，還有他自己的機智。當時，宮殿裡養了很多凶惡的狗，有一次他進宮啟奏莊宗，事情結束後，轉身要離開，一隻狗突然起身追著他跑，嚇得他靠著柱子不敢動彈，大聲呼喊：「陛下，你不要縱容你的孩子亂咬人。」

新磨嘗奏事殿中，殿中多惡犬，新磨去，一犬起逐之，
新磨倚柱而呼曰：「陛下毋縱兒女嚙人！」莊宗家世
夷狄，夷狄之人諱狗，故新磨以此譏之。

——《新五代史‧伶官傳》

　　莊宗原本是胡人，當時中原人常譏諷胡人為「狗」，現在敬新
磨竟然把狗比喻成他的孩子，分明是鄙視他，他怎麼可能不生氣！
於是，莊宗搭起弓箭，想一箭射死敬新磨。敬新磨看了連忙又大聲
呼叫：「陛下萬萬不可殺臣啊！臣與陛下同為一體，殺了臣，對陛
下只有壞處。」

　　莊宗不解的問他原因，他說：「陛下登基後，改年號為『同光』，
大家都稱陛下為同光帝。同就是銅，磨了會發光的銅。臣的名字就
叫敬新磨，也就是盡心磨，倘
若把臣殺了，銅就不發光了，
還有什麼同光呢？」

　　莊宗聽了他這一番解釋，
哈哈大笑，就把他給放了。

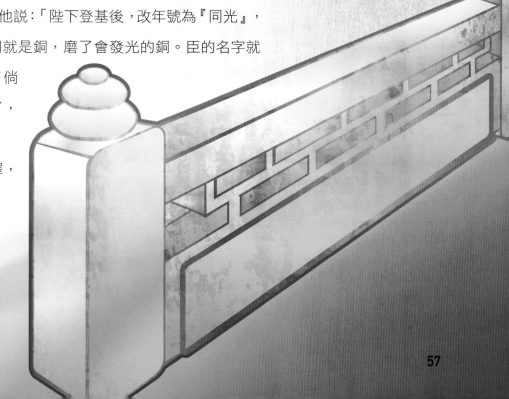

汝為縣令，獨不知吾天子好獵邪？奈何縱民稼穡以供稅賦！何不饑汝縣民而空此地，以備吾天子之馳騁？汝罪當死！ ——《新五代史·伶官傳》

這個機智又沒大沒小的敬新磨，雖然有些恃寵而驕，卻是個正直的人，是非黑白都能有正確的判斷。有一次，莊宗帶著一批侍衛到中牟縣打獵。這時正是秋收季節，打獵的隊伍如果穿過田地，農民辛辛苦苦栽植出來的作物一定會被踐踏得一塌糊塗。中牟縣的縣令深恐農民遭受難以估算的損失，只好出來請願。

他來到莊宗的馬前，請求莊宗繞道而行。莊宗正在打獵的興頭上，看到一個小小縣令居然敢來掃他的興，非常惱怒，便把他趕走，還命令手下去殺掉他。敬新磨在出獵隊伍中，看到莊宗不但不體恤百姓，還為了玩樂糟蹋百姓的禾苗，知道這樣做一定會遭民怨。可是他又不能在那麼多人面前糾正莊宗，讓莊

宗下不了臺，於是想了個迂
迴的方法。

　　敬新磨帶了幾十名伶官追趕上前，捉住縣令，厲聲指責說：「你
身為一縣之主，掌管全縣，怎麼就不知道我家天子喜歡打獵呢？你
為什麼還縱容百姓種田，收了稻穀還要讓他們繳稅給國家呢？你應
該讓百姓把地空著，什麼都不種，這樣皇帝才能在上面自由的奔馳、
狩獵啊！你真是罪大惡極，實在該死！」說完，他轉身請求莊宗快
快用刑，其他伶官也應和著叫：「請陛下快快傳令行刑！」

　　莊宗看到大夥兒演了一齣勸諫的諷刺戲，覺得十分有趣，放聲
大笑，果然放過縣令，自己則率領隊伍繞過田地前進。

　　敬新磨的勇敢和聰明消除了一場禍害，讓百姓豐收，讓縣令保
住性命，也讓莊宗沒有再因貪玩而造成人民損失。在眾多伶官中，
只有他能善用演戲的專才，說出一些發人省思的話。敬新磨可說是
莊宗身邊難得沒有負面評價的伶官。

景進

　　景進是莊宗寵愛的伶官之一。他會甜言蜜語、會見風轉舵、會打小報告，所以很得莊宗的疼愛，封他為伶官第一人，出入宮廷就像進出自己家一樣方便，大大小小的事都依自己的利益轉告莊宗。誰懂得巴結賄賂他，他就在莊宗面前說好話；相反的，如果有人和他唱反調，他也絕對會在莊宗耳邊造謠生事，讓那個人永不被重用。

　　因此，每個大臣都對他畏懼三分。偏偏莊宗覺得他能幹，還派他便裝私訪民間，回來一一稟報。每次景進與莊宗密談，所有人都得迴避。軍機國政，沒有一項景進不參與，可見他的權力有多大。

　　當時有個非常愛錢的大臣，叫做孔謙。莊宗和朱溫作戰時，孔謙藉著籌措軍用品的機會，使用許多不正當的手法徵收百姓的稅賦，替自己牟取許多財富。他發現貪汙是最快速的致富方式，於是想盡辦法要謀取「肥缺」。「租庸使」這個職位的官員負責國家稅

是時，諸伶人出入宮掖，侮弄縉紳，羣臣憤嫉，莫敢出氣，或反相附託，以希恩倖，四方藩鎮，貨賂交行，而景進最居中用事。——《新五代史·伶官傳》

收，手上掌控大筆錢財，實在是很好的官職，可惜莊宗只給了孔謙一個「副使」的位置，讓他覺得很不過癮。

孔謙想盡辦法要謀得「正」租傭使，還兩度請求大將郭崇韜幫忙，但郭崇韜都沒順著他的意，於是他轉向景進靠攏，恭敬的喊景進「八哥」，聽得景進樂陶陶。因此，景進在莊宗面前極力推舉，終於讓孔謙登上「租傭使」寶座，大肆搜刮民脂民膏。

景進靠著莊宗對他的寵信，不管是非公道，只求經營私利，讓朝廷上上下下都起而仿效，這不可不說是後唐的致命傷；而莊宗縱容伶官胡作非為，日後也免不了要付出沉重的代價。

「故唐時，後宮萬人，今空宮多怪，當實以人乃息。」莊宗欣然。其後幸宗還洛，進載鄴女千人以從，道路相屬，男女無別。──《新五代史·伶官傳》

郭崇韜痛恨宦官和伶人阻絕別人對皇上的諫言，他協助李繼岌滅蜀後，便勸戒李繼岌：「等您執掌江山，一定要除掉這些宦官、伶優，多聽聽別人的意見，多招攬賢能的人。」宦官、伶人當然視他為眼中釘，尤其景進，他千迴百轉的搬弄是非，導致郭崇韜死於李繼岌之手。景進慣用陰狠的手法排除和他不同道的人，卻又極力討好權貴。

莊宗建都在洛陽，居住的宮室是唐朝的舊宮室，雖然富麗堂皇，嬪妃卻不多。宦官們想要莊宗增加侍妾和宮女，便謊稱晚上經常見到鬼怪。他們繪聲繪影的描述，莊宗也不得不處理。他本想命令巫師驅鬼，有宦官說：「我過去侍奉過唐朝的皇帝，

那時後宮大概有一萬多人，現在宮中多半是沒人居住的空屋，鬼怪才會寄住。如果多選些漂亮的女孩來充實後宮，鬼怪自然就不會出現。」莊宗不管這個說法是不是有道理，就立刻下旨，派景進領一班人去選美女。

景進進了城，看見面貌姣好的女子，連誰家的妻女也不問就抓上車，一車一車的送進宮去。百姓們看到官兵進城，就倉皇逃散，唯恐動作慢了，就要受妻離子散的痛苦。有些人索性遠走高飛，逃離家鄉，不敢再回去。

皇帝糊塗，不懂得照顧他的人民，臣子也沒有盡到義務，提醒皇帝要給世人立下典範，難怪歐陽修會認為五代是一個皇帝不像皇帝，臣子不像臣子，朝廷裡的人和鬼都不守規矩，不論秩序的亂世。莊宗身旁如果能多一點像敬新磨那樣的伶官，或許後唐會有不一樣的收場吧！

郭從謙

郭從謙本來是伶人，藝名郭門高。莊宗跟後梁作戰的時候，大力招募勇士，郭從謙勇敢的響應號召，隨著莊宗出征。凱旋回來後，莊宗看他會演戲，又會帶兵，因此非常疼愛他，立即封他當指揮官。當時社會風氣流行收義子或認養父，他姓郭，便拜郭崇韜為叔父，認莊宗的弟弟李存乂為養父。郭崇韜被殺後，莊宗派宦官去打聽外人對這件事的評論，宦官想一口氣除掉郭崇韜的同夥，便造謠說：「李存乂曾和郭崇韜密謀造反，郭崇韜一死，他勢必很快就有動作。」為除後患，莊宗把李存乂也殺了。郭從謙聽到這個消息，回到營中悲憤的大哭。這個時候，部隊裡有個叫王溫的士兵，又正好在夜裡策謀作亂，事跡敗露被殺。

莊宗和郭從謙閒談的時候，笑著問他：「你為什麼要和李存乂及郭

莊宗戲從謙曰：「汝黨存乂，崇韜負我，又教王溫反，復欲何為乎？」從謙恐，退而激其軍士曰：「罄爾之貲食肉而飲酒，無為後日計也。」

──《新五代史‧伶官傳》

崇韜親近，又為什麼要唆使士兵造反？你到底有什麼打算？」聽到莊宗的話，郭從謙非常惶恐，他不知道莊宗是玩笑話還是真的起了疑心。為了防備，他退下後，就告訴士兵們：「把你們的錢財都用來吃肉喝酒，痛快花掉，不用再為以後打算了。」士兵們問他原因，他說：「皇上因王溫的緣故，等平定動亂後，就會把你們全都殺了。」士兵聽信郭從謙的話，又激動，又憤怒，紛紛主張造反。

　　先前，四川也有軍隊打著為郭崇韜和朱友謙復仇的口號造反。莊宗派他父親的養子李嗣源率領部隊討伐，於是郭從謙便領著手下響應李嗣源的部隊。

　　莊宗最疼愛的伶官有了造反的心，是莊宗料想不到卻勢必面臨的問題，因為他不理朝政，內務及軍權都落在伶官手中，一旦信賴感消失，擁兵自重的將領怎麼不會想造反？虛位無權的君王又怎麼壓制得住呢？

傳曰：「君以此始，必以此終。」莊宗好伶，而弒於
門高，焚以樂器。可不信哉！可不戒哉！

——《新五代史·伶官傳》

    李嗣源本是奉命要去討伐亂兵，卻意外受到亂兵擁護。因為大
家都覺得莊宗昏庸、濫殺忠臣，不配為人君，因此想立李嗣源為帝；
而後郭從謙也領兵加入李嗣源的陣營，形成一股巨大的反叛力量。

    一天，莊宗用早餐時，忽然聽到興教門外一片哄鬧，料想有不
好的事即將發生。他慌張的召集衛兵，準備迎戰。誰知將士們聽到
是李嗣源和郭從謙謀反，都嚇得紛紛逃散。縱使莊宗祭出財寶重賞，
也少有人願意留下奮戰。莊宗迫於情勢，只好帶著為數不多的護衛
親自出戰。到了門口，看到為首的將領竟是他昔日疼愛的伶官郭從

謙，他非常
憤怒，大聲
下令迎頭痛擊。郭從謙抵擋不住，退出門外，再引火焚燒興教門。
一時煙硝瀰漫，門裡的兵力幾乎潰散。

　　不久，李嗣源的軍隊趕到，兩軍合攻，逼得莊宗節節敗退。莊
宗雖英勇的殺了很多叛軍，最後還是遭弓箭射中臉頰。此時，臣子
和嬪妃不但沒有停下來關心他，反而各自逃命。只有一名伶人見他
中箭，趕上前扶助，將他帶到走廊，拔掉箭鏃，讓他稍作休息。

　　莊宗失血過多，想討杯水喝。伶人向皇后討救，但皇后正收拾
細軟，沒心理會，只草率遞給一碗奶酪，莊宗最終還是傷重身亡。
伶人擔心他會遭到叛軍踐踏，便揀拾一些被丟棄的樂器，堆放在莊
宗身上，放把火給燒了。霎時間，莊宗就這樣與他鍾愛的樂器一起
化為灰燼。

　　這一年，莊宗才四十二歲。

　　左傳說：「怎麼開始，必定怎麼結束。」唐莊宗寵愛伶官，
最後死在伶官郭從謙手裡，還能不相信這句話？能不引以為
戒嗎？

67

當新五代史的朋友

《新五代史》說的是唐末紛亂的時局裡，相繼出現又隨即滅亡的五個朝代。

後唐莊宗李存勗，從小生長在晚唐的亂世，少時便隨父親征戰，因此擁有非凡的膽識。他還繼承父親的遺志，勇猛克敵，經歷與後梁的戰爭，終於統一北方。

他的英勇讓敵手朱溫也讚嘆不已，甚至還不惜貶低自己的兒子，說出「生兒子就要像李存勗一樣！」的讚美。他的奮戰精神與睿智的謀略，讓他能突破後梁軍隊的圍困，趕走契丹人，穩定了北方局勢。

從唐末五代的亂世裡脫穎而出，形成安定局面，是非常不容易的成就。然而，李存勗能在亂世裡突圍，卻無法在安定的局面下治國。他一生辛勞，登上王位後卻只想好好享受，成天與伶人唱戲，甚至還重用他們為官，把國家大事當娛樂一樣戲耍，也讓國家再度陷入亂局。他在亂世裡崛起，也在亂世中敗亡。這些成功與失敗，都完整的記錄在《新五代史》中。

當《新五代史》的朋友，你可以看到每一個朝代的開國者都有英勇過人之處，你也可以看到每個朝代在滅亡以前，其實在君王的行為裡，早就顯現了跡象。

當《新五代史》的朋友，除了看到後唐莊宗的先盛後衰，也許你還會感嘆這個五代亂世，在歐陽修的筆下成為一則又一則警示的寓言。他提醒著千古以來的君王，得天下很困難，治天下一點也不容易；也提醒著現代的我們，倘若無法維持不懈的努力，最後只能落得功虧一簣的下場。

我是大導演

看完了新五代史的故事之後，
現在換你當導演。
請利用紅圈裡面的主題（伶官），
參考白圈裡的例子（例如：五代），
發揮你的聯想力，
在剩下的三個白圈中填入相關的詞語，
並利用這些詞語畫出一幅圖。

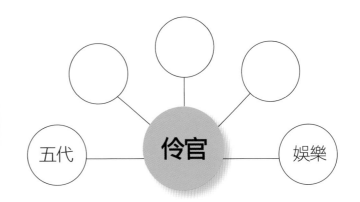

◎ 少年是人生開始的階段。因此，少年也是人生最適合閱讀經典的時候。

因為，這個時候讀經典，可以為將來的人生旅程準備豐厚的資糧。

因為，這個時候讀經典，可以用輕鬆的心情探索其中壯麗的天地。

◎ 【經典少年遊】，每一種書，都包括兩個部分：「繪本」和「讀本」。

繪本在前，是感性的、圖像的，透過動人的故事，來描述這本經典最核心的精神。

小學低年級的孩子，自己就可以閱讀。

讀本在後，是理性的、文字的，透過對原典的分析與說明，讓讀者掌握這本經典最珍貴的知識。

小學生可以自己閱讀，或者，也適合由家長陪讀，提供輔助說明。

001 左傳　春秋時代的歷史
The Chronicle of Tso: The History of the Spring and Autumn Period

故事／林安德　原典解說／林安德　繪圖／柳俏

三公交會，引發了什麼樣的政治危機？兩個謀士互相鬥智，又造就了一段什麼樣的歷史故事？那是一個相互兼併與征伐的時代，同時也是個言謀士輩出的時代。那些鬥爭與辯論，全都刻畫在《左傳》中。

002 史記　史家的絕唱
Records of the Grand Historian: The Pinnacle of Chinese Historiography

故事／林怡君　原典解說／林怡君　繪圖／袁靜

李廣「飛將軍」面對匈奴大軍毫無懼色，為漢朝立下許多戰功，卻未能獲得相稱的爵位，最後抱憾而終。從黃帝到漢武帝，不論是帝王將相、商賈名流，貫穿三千多年的歷史，《史記》成為千古傳頌的史家絕唱。

003 漢書　中原與四方的交流
Book of Han: Han Dynasty and its Neighbors

故事／王宇清　原典解說／王宇清　繪圖／李遠聰

張騫出使西域，不僅為漢朝捎來了塞外的消息，也傳遞了彼此的物產與文化，開拓一條史無前例的通道，成就一趟偉大的冒險。他的西域見聞，都記錄在《漢書》中，讓大家看見了草原與大漠，竟是如此豐富美麗！

004 列女傳　儒家女性的代表
Kao-tsu of Han: The First Peasant Emperor

故事／林怡君　故事／林怡君　繪圖／楊小婷

她以身作則教孩子懂得禮法，這位偉大的母親就是魯季敬姜。不僅連孔子都多次讚譽她的美德，《列女傳》更記錄下她美好的德行，供後世永流傳。《列女傳》收集了中國歷代名女人的故事，呈現不同的女性風範。

005 後漢書　由盛轉衰的東漢
Book of Later Han: The Rise and Fall of Eastern Han

故事／王蕙瑄　原典解說／王蕙瑄　繪圖／李莎莎

《後漢書》記錄了東漢衰敗的過程：年幼的皇帝即位，而外戚掌握實權。等到皇帝長大了，便聯合身邊最信任的宦官，奪回權力。漢桓帝不相信身邊的大臣，卻事事聽從甜言蜜語的宦官，造成了嚴重的「黨錮之禍」。

006 三國志　三分天下始末
Record of the Three Kingdoms: The Beginning of the Three Kingdoms Period

故事／子魚　原典解說／子魚　繪圖／Summer

曹操崛起，一統天下的野心，卻在赤壁遭受挫折，僅能雄霸北方，留下三國鼎立的遺憾。江山流轉，近百年的分裂也終將結束，西晉一統三國，三國的分合，盡在《三國志》。

007 新五代史　享樂亂政的五代
New History of the Five Dynasties: The Age of Chaos and Extravagance

故事／呂淑敏　原典解說／呂淑敏　繪圖／王韶薇

李存勗驍勇善戰，建立後唐，史稱後唐莊宗。只是他上任後就完全懈怠，和伶官一起唱戲作曲，過著逍遙生活。看歐陽修在《新五代史》中，如何重現後唐莊宗從勤奮到荒唐的過程。

008 資治通鑑　帝王的教科書
Comprehensive Mirror for Aid in Government: The Guidance for Emperors

故事／子魚　原典解說／子魚　繪圖／傅馨逸

唐太宗開啟了唐朝的黃金時期。從玄武門之變到貞觀之治，這條君王之路，悉數收錄在《資治通鑑》中。翻開《資治通鑑》，各朝各代的明君賢臣、良政苛政，皆蒐羅其中，成為帝王治世不可不讀的教科書。

◎ 【經典少年遊】，我們先出版一百種中國經典，共分八個主題系列：
詩詞曲、思想與哲學、小説與故事、人物傳記、歷史、探險與地理、生活與素養、科技。
每一個主題系列，都按時間順序來選擇代表性的經典書種。

◎ 每一個主題系列，我們都邀請相關的專家學者擔任編輯顧問，提供從選題到內容的建議與指導。
我們希望：孩子讀完一個系列，可以掌握這個主題的完整體系。讀完八個不同主題的系列，
可以不但對中國文化有多面向的認識，更可以體會跨界閱讀的樂趣，享受知識跨界激盪的樂趣。

◎ 如果説，歷史累積下來的經典形成了壯麗的山河，那麼【經典少年遊】就是希望我們每個人
都趁著年少，探索四面八方，拓展眼界，體會山河之美，建構自己的知識體系。
少年需要遊經典。
經典需要少年遊。

009 蒙古秘史　統一蒙古的成吉思汗
The Secret History of the Mongols: The Emergence of Genghis Khan
故事／姜子安　原典解説／姜子安　繪圖／李菁菁
北方的草原，一望無際，游牧民族在這裡停留又離去。成吉思汗在這裡
出生成長，統一各部族，開創蒙古帝國。《蒙古秘史》説出了成吉思汗
的一生，也讓我們看到了這片草原上的故事。

010 臺灣通史　開闢臺灣的先民足跡
A General History of Taiwan: Footprints of the First Pioneers
故事／趙予彤　原典解説／趙予彤　繪圖／周庭萱
《臺灣通史》，記錄了原住民狩獵山林，還有荷蘭人傳教通商，當然還
有漢人開荒闢地的故事。鄭成功在臺灣建立堡壘，作為根據地。雖然他
反清復明的心願無法實現，卻讓許多人在這裡創造屬於自己家園。

經典
少年遊

youth.classicsnow.net

007
新五代史 享樂亂政的五代
New History of the Five Dynasties
The Age of Chaos and Extravagance

編輯顧問（姓名筆劃序）
王安憶 王汎森 江曉原 李歐梵 郝譽翔 陳平原
張隆溪 張臨生 葉嘉瑩 葛兆光 葛劍雄 鄭培凱

故事：呂淑敏
原典解說：呂淑敏
繪圖：王韶薇
人時事地：林保全

編輯：張瑜珊 張瓊文 鄧芳喬
美術設計：張士勇
美術編輯：顏一立
校對：陳佩伶

企畫：網路與書股份有限公司
出版者：大塊文化出版股份有限公司
台北市10550南京東路四段25號11樓
www.locuspublishing.com
讀者服務專線：0800-006689
TEL：+886-2-87123898
FAX：+886-2-87123897
郵撥帳號：18955675
戶名：大塊文化出版股份有限公司
法律顧問：全理法律事務所董安丹律師

總經銷：大和書報圖書股份有限公司
地址：新北市新莊區五工五路2號
TEL：+886-2-8990-2588
FAX：+886-2-2290-1658
製版：沈氏藝術印刷股份有限公司

初版一刷：2013年5月
定價：新台幣299元